GUERRE DE 1870-1871

LE COMBAT

DE

PELTRE SOUS METZ

(27 Septembre 1870)

PAR

UN OFFICIER DE L'ARMÉE DU RHIN

AVEC UNE CARTE HORS TEXTE

PARIS
Henri CHARLES-LAVAUZELLE
Éditeur militaire
10, Rue Danton, Boulevard Saint-Germain, 118

(MÊME MAISON A LIMOGES)

LE COMBAT DE PELTRE sous METZ

DROITS DE REPRODUCTION ET DE TRADUCTION RÉSERVÉS.

GUERRE DE 1870-1871

LE COMBAT
DE
PELTRE SOUS METZ

(27 Septembre 1870)

PAR

UN OFFICIER DE L'ARMÉE DU RHIN

PARIS
Henri CHARLES-LAVAUZELLE
Éditeur militaire
10, Rue Danton, Boulevard Saint-Germain, 118

(MÊME MAISON A LIMOGES)

MOT PRÉLIMINAIRE

Il avait été convenu, à la conférence de Grimont (26 août 1870), avec le maréchal Bazaine, qu'on tiendrait les troupes en haleine par une série d'opérations et que l'on harcèlerait sans cesse l'ennemi. Mais cette convention ne fut mise en application que le 22 septembre.

Parmi les opérations qui eurent lieu à partir de cette époque, la plus remarquable est, sans contredit, le combat de Peltre, livré le 27 du même mois. Ce combat, « par son habile conception, sa vigoureuse hardiesse, on peut même dire sa réelle crânerie, excita l'admiration de toute l'armée assiégée et mérita d'être compté au nombre des faits de guerre les plus remarquables de cette douloureuse mais glorieuse époque de notre histoire militaire » (1).

Nous nous proposons, dans ce petit travail, de présenter une relation du combat du 27 septembre, en nous appuyant sur des documents pour la plupart inédits et sur les récits de certains acteurs du drame. Notre but est de contribuer quelque peu à l'étude de la campagne de 1870, et de rendre un témoignage d'admiration et de respect aux braves qui se sont distingués dans ce combat victorieux.

---

(1) M. Louis Yvert, *Echo de l'armée*, numéro du 16 juillet 1893.

LE COMBAT DE PELTRE sous METZ

(27 Septembre 1870)

Généralités.

Avant d'entrer dans les détails du combat de Peltre, il est utile d'examiner la situation des Allemands dans la partie comprise entre la Seille et Mercy-lès-Metz, qui allait être le théâtre de l'opération du 27 septembre.

D'après les instructions données par le prince Frédéric-Charles, le 2 septembre, les travaux de fortification entrepris par les troupes allemandes devaient se continuer sans interruption jusqu'à la fin du siège. Il devait en résulter un système de blocus, qui était de nature à s'opposer à toute tentative d'offensive de la part de l'armée française.

Les travaux allemands étaient construits à la suite de reconnaissances faites par les généraux commandant les corps d'armée et les divisions, de façon à respecter l'initiative et la responsabilité de ces chefs d'unité. L'exécution en était confiée à des compagnies de pionniers aidées par des auxiliaires d'infanterie.

La position de chaque corps, dit l'ouvrage intitulé : « Les opérations du corps du génie allemand », forma un système complet, mais qui permettait de compter sur l'appui des corps voisins. Il ne faudrait pas croire qu'il existât des points faibles entre deux positions consécutives, bien au contraire : chacun des corps cherchait à appuyer et à couvrir ses ailes le mieux possible, et il en résultait généralement une accumulation d'ouvrages aux points de jonction.

La première ligne consistait habituellement en une position d'avant-postes très peu fortifiée, mais suffisante pour garantir les défenseurs contre les attaques de petits détachements; elle était trop faible pour qu'on pût s'y maintenir contre des forces supérieures. En arrière, se trouvait la position de combat, fortement organisée; enfin, plus en arrière encore, se trouvait une dernière position sur laquelle les troupes pouvaient se retirer et se reconstituer.

Des communications nombreuses et bien défilées permettaient de circuler facilement et à l'abri dans le réseau des avant-postes. Les champs de tir étaient dégagés; les ouvrages étaient protégés par des obstacles naturels ou artificiels de toute espèce, principalement par des abatis; des intervalles et des passages étaient ménagés entre les points fortifiés, de façon à rendre les mouvements offensifs possibles partout; un système très développé de télégraphes de campagne reliait les quartiers généraux de tous les corps; enfin, des fanaux ou d'autres moyens de prévenir les troupes en cas d'alerte étaient organisés en nombre suffisant.

Tels sont, brièvement résumés, les principes généraux d'après lesquels les positions allemandes furent organisées.

Dans le secteur compris entre la Seille et Mercy, la 1re compagnie de pionniers de campagne du 1er corps avait mis, les 28 et 29 août, le château de Mercy en état de défense. Ce château fut barricadé, le parc garni d'abatis et les environs défendus par des tranchées-abris très développées. Une position de retraite était préparée, le 30 août, au nord-est du hameau de Frontigny.

A la fin d'août, la 28° brigade prussienne vint occuper la position de Pouilly ; le 5 septembre, la division de landwehr Selchow arriva et se mit à retrancher la position en avant de Chesny, en construisant des tranchées-abris sur la lisière du bois situé au nord du village, avec douze épaulements de pièces dans les angles rentrants.

Le 6 septembre, le VII⁰ corps allemand se concentra à Pouilly, fortifia la position située au nord et au nord-ouest du village, et relia Pouilly et Chesny par un chemin de colonne de 1.000 pas de long, percé à travers le bois de l'Hôpital.

Quelques jours après, le VII⁰ corps (10 septembre) s'étendit sur sa droite jusqu'à Ars-Laquenexy, et une brigade de la 13⁰ division vint couvrir la route de Strasbourg et occupa l'espace compris entre Mercy-le-Haut, Peltre, Jury, Frontigny et Chesny. Le 23, la 3ᵉ compagnie de pionniers du VII⁰ corps acheva, avec l'aide de deux compagnies d'infanterie, l'organisation de la position de Frontigny-Chesny en y construisant des épaulements pour 30 pièces, précédés par des tranchées-abris. En même temps, on renforça la lisière déjà retranchée du bois situé au nord de Chesny, et une position de retraite fut organisée en construisant douze épaulements de pièces des deux côtés de la route de Strasbourg, au nord de l'auberge du Cheval-Rouge, et six autres sur le chemin de Mécleuves à Courcelles-sur-Nied.

En outre, une position de réserve pour un ou deux corps d'armée était préparée au sud de la ferme de Pierrejeux et de Mécleuves, sur les hauteurs à pentes roides qui dominent ces localités. Cette position coupait la route de Strasbourg et se prolongeait, par Orny, vers les bois de Sembrone et de Lamencé.

Le 25 septembre, avant-veille du combat de Peltre, tous ces travaux étaient à peu près terminés.

En résumé, la position fortifiée par les Allemands, dans la portion de terrain qui nous occupe, était constituée par trois lignes de défense :

1° La première partant d'Ars-Laquenexy, comprenant la lisière du bois situé au sud de Mercy-lès-Metz, un ouvrage sur le côté de la lisière nord-ouest du bois de l'Hôpital, les lisières nord-ouest et ouest du bois de Pouilly et le village de Pouilly ;

2° La seconde formée par les villages de Frontigny, Chesny et Fleury, renforcée par une batterie de 10 canons de 12 centimètres au nord de l'auberge du Cheval-Rouge ;

3° La troisième constituée par la forte position de Mécleuves, Pierrejeux, Orny, le bois Sembrone et le bois Lamencé.

Le château de Mercy-le-Haut et le couvent de Peltre étaient en outre organisés défensivement en avant de la première ligne.

Les troupes d'investissement étaient disposées comme il suit :

Une ligne d'avant-postes comprenant : la ligne des sentinelles doubles, celle des petits postes, celle des grand'gardes, puis celle des réserves d'avant-postes comprenant la moitié ou les trois quarts des bataillons de première ligne ;

La ligne de combat, occupée par un régiment dans chaque division ;

Enfin, la ligne des réserves, formée par les brigades. Celles-ci étaient cantonnées, tandis que les troupes disposées dans les deux autres lignes étaient bivouaquées.

Le 26 septembre, la 26ᵉ brigade prussienne (13ᵉ division, VIIᵉ corps) formait les avant-postes :

Le 15ᵉ régiment, à l'est de la route de Strasbourg, couvrant Mercy-lès-Metz ; le gros placé à la lisière des bois au sud-est de Mercy, avec la 6ᵉ batterie lourde ;

Le 55⁰ régiment à l'ouest de la route; son bataillon de fusiliers gardant Peltre et Crépy, son 2⁰ bataillon à la lisière nord du bois de l'Hôpital, avec la 5⁰ batterie légère (1); le 1ᵉʳ bataillon était divisé : une moitié formait soutien des deux autres sur la grande route au nord de Chesny; l'autre moitié renforçait la droite du 15⁰ régiment dans la forêt au sud d'Ars-Laquenexy.

La ligne d'observation des avant-postes allemands s'étendait de la ferme de la Grange-aux-Bois vers Mercy, passait à 500 mètres au sud de la ferme de la Basse-Bevoye et venait couper le chemin de fer à 1.200 mètres environ à l'ouest de Crépy. (Cette ligne est tracée sur la carte jointe à la présente étude, ainsi que la ligne d'observation française.)

Combat de Peltre.

But de l'opération.

Le 26 septembre 1870, on avait appris dans le camp français qu'un train chargé de vivres était entré en gare de Courcelles-sur-Nied, et qu'un parc de bétail très important avait été conduit dans le village de Peltre.

M. Dietz, ingénieur en chef des chemins de fer de l'Est, enfermé dans Metz depuis le commencement du siège, prit la résolution hardie de partir de la gare de Metz sur une locomotive blindée, de se rendre à toute vapeur à Courcelles, d'y accrocher le train allemand, de l'enlever et de le ramener dans les lignes françaises.

---

(1) La relation allemande signale ces deux éléments en marche vers la lisière du bois de l'Hôpital au début du combat, c'est-à-dire à 9 heures du matin.

M. Dietz combina le plan de l'opération avec le général Lapasset, dont la brigade (1) devait y concourir en s'emparant des villages de Peltre et de Mercy, occupés par l'ennemi.

On savait notamment que le village de Peltre était défendu par 1.000 Allemands retranchés dans le grand couvent des sœurs de la Providence, dans l'église et dans les maisons.

Préparation de l'opération.

Voici ce que dit à ce sujet le général Lapasset :

« Les diverses reconnaissances des partisans de la brigade m'avaient fait connaître que la voie ferrée était libre jusqu'à Peltre, et la prise de quatre wagons chargés de vivres qui avaient déraillé et étaient venus jusque dans nos avant-postes m'avait fait déduire qu'elle pouvait l'être jusqu'à Courcelles. Sur ces données et sur la connaissance intime des lieux, je soumis au maréchal commandant en chef le plan suivant :

» Sept bataillons devaient, pendant la nuit, être cachés dans le village de Grigy et dans la ferme et les dépendances de la Haute-Bévoye, à 500 mètres des avant-postes ennemis; l'artillerie devait se masser et se défiler derrière la gorge du fort Queuleu. Ces forces devaient s'emparer du château de Mercy, du village de Peltre et des lignes ennemies qui les reliaient. Pour donner pleine confiance aux Prussiens, on devait leur laisser faire, comme d'habitude, leurs reconnaissances journalières, et ne donner qu'à 9 heures, lorsqu'elles seraient rentrées depuis longtemps, le signal de l'attaque. Une vive canonnade du fort Queuleu, dirigée

---

(1) Brigade mixte Lapasset, du 5ᵉ corps d'armée, rattachée au 2ᵉ corps et comprenant une compagnie du 14ᵉ bataillon de chasseurs, les 84ᵉ et 97ᵉ régiments d'infanterie, le 3ᵉ régiment de lanciers et la 7ᵉ batterie du 2ᵉ régiment d'artillerie.

sur le château de Mercy, sur les lignes ennemies et sur le village de Peltre, devait indiquer le moment. Alors, cinq bataillons déployés, précédés à 400 mètres d'une légère ligne de tirailleurs, devaient se mettre en mouvement. Sans tirer un seul coup de feu, ils devaient s'avancer résolument malgré le feu de l'ennemi, dépasser les lignes prussiennes et, par un brusque mouvement de conversion à gauche et à droite, tourner ces lignes et s'avancer partie sur Mercy, partie sur Peltre. Deux bataillons en réserve devaient remplir l'intervalle produit par le double mouvement de conversion et, secondés par l'artillerie et deux mitrailleuses, appuyer la double attaque. En outre, un bataillon de chasseurs à pied, embarqué à la gare de Metz, devait arriver sur Peltre à toute vapeur, s'élancer des wagons, sonner la charge, attaquer par le bas, tandis que deux bataillons s'élanceraient des hauteurs. Enfin, une locomotive et un wagon blindés à l'épreuve de la balle devaient, profitant de cette attaque, poursuivre jusqu'à Courcelles, y accrocher un des trains de vivres qui se trouvaient en gare et le ramener triomphalement dans la place. Cette dernière idée était d'un homme énergique, entreprenant, d'une intelligence rare, M. Dietz, ingénieur en chef des constructions de la compagnie de l'Est. Ce courageux citoyen m'avait demandé à conduire lui-même cette entreprise, et je lui avais donné 25 hommes déterminés pour l'y aider (1).

» Le maréchal approuva fort le projet et me chargea de l'exécuter. Il était 4 heures du soir. Je fus encore reconnaître le terrain pour bien prendre mes dispositions. A 10 heures du soir, je donnai mes ordres ; à

---

(1) Les 25 soldats éclaireurs qui accompagnaient M. l'ingénieur Dietz étaient commandés par le capitaine Marchand, actuellement général commandant la 27ᵉ division d'infanterie.

3 heures du matin, je me mettais en route ; à 5 heures, une demi-heure avant le jour, toutes mes troupes étaient à leur poste et cachées. Bien des fois nous consultâmes nos montres, qui, à notre gré, ne marchaient pas assez vite ; enfin, une terrible canonnade du fort Queuleu annonça à tous que le moment était venu. »

Les troupes qui devaient prendre part à l'action étaient les suivantes :

Les 1er et 2e bataillons du 84e régiment d'infanterie, sous les ordres du lieutenant-colonel Doumenjou, commandant le régiment (1) ;

Deux bataillons du 97e régiment d'infanterie, sous les ordres du lieutenant-colonel Bézard.

Ces deux régiments, qui constituaient la brigade Lapasset, devaient être soutenus par trois bataillons du 90e (2), placés sous le commandement du colonel Roussel de Courcy (3), et une compagnie du 14e bataillon de chasseurs.

Le 12e bataillon de chasseurs à pied, sous les ordres du commandant Bonnot de Mably, devait être embarqué en chemin de fer et déboucher de Peltre comme il a été dit plus haut.

A ces troupes devaient se joindre l'artillerie de la brigade, deux mitrailleuses et une compagnie du génie.

Les chefs de corps réunirent leurs officiers vers minuit, pour leur exposer le plan du coup de main qui devait être tenté le lendemain.

---

(1) En remplacement du lieutenant-colonel Charmes, nommé colonel à un autre régiment.

(2) Le 90e faisait partie de la brigade Duplessis, de la division de Castagny, du 3e corps d'armée.

(3) Promu général de brigade la veille, le colonel avait tenu à commander son régiment pour cette opération. Le général de Courcy est mort en 1887, après avoir commandé en chef le corps expéditionnaire du Tonkin.

Ordres donnés.

Les ordres donnés pour le combat se résument comme il suit :

Les troupes quitteront leur camp à 3 heures du matin, contourneront le fort Queuleu et se déroberont à la vue de l'ennemi dans la ferme de la Haute-Bévoye (84ᵉ et 97ᵉ) et dans le village de Grigy (90ᵉ).

A 9 heures précises, le fort Queuleu tirera sur Peltre et sur Mercy pour préparer l'attaque (1).

Au premier coup de canon, l'infanterie débouchera de la Haute-Bévoye et de Grigy et se déploiera.

Les deux bataillons du 84ᵉ et un bataillon du 97ᵉ seront en première ligne ; la gauche de la ligne (97ᵉ) se dirigera sur le Télégraphe, la droite sur un bois situé près de la Basse-Bévoye. Un bataillon du 97ᵉ sera mis en réserve. Les deux bataillons du 84ᵉ déploieront chacun leur 6ᵉ compagne en tirailleurs (2). Ces compagnies marcheront sur les avant-postes ennemis sans tirer, dépasseront la crête militaire située au nord du village et engageront le feu avec les défenseurs. Les bataillons auxquels elles appartiennent les suivront, s'arrêteront derrière la crête, en attendant le signal de l'attaque.

L'artillerie (3) et les mitrailleuses, appuyées par leurs compagnies de soutien (dont la compagnie du 14ᵉ chasseurs) et le bataillon du 97ᵉ, se porteront au Télégraphe

---

(1) La relation allemande dit que la redoute Pâté ouvrit également le feu. Cette assertion n'est pas exacte, car la redoute, qui se trouve dans le lit même de la Seille, aurait dû tirer par-dessus le fort Queuleu pour atteindre Crépy et Peltre. Elle n'a pu qu'ouvrir le feu dans la direction de Magny.

(2) Les 6ᵉˢ compagnies du 84ᵉ étaient commandées par les capitaines Gillon et Bride.

(3) Une batterie, la 7ᵉ du 2ᵉ régiment monté, sous les ordres du capitaine Dulon.

pour battre Peltre et le château de Mercy, qui sera attaqué, en même temps que le village de ce nom, par les trois bataillons du 90ᵉ. Le 2ᵉ bataillon de ce régiment sera dirigé, avant l'action, sur la ferme de la Haute-Bévoye ; les deux autres se rassembleront dans le ravin de Grigy.

Le 12ᵉ bataillon de chasseurs à pied devra s'embarquer vers 8 h. 1/2, dans un train de chemin de fer, à la gare de Metz. Au premier coup de canon du fort Queuleu, ce train devra transporter le bataillon à la station de Peltre. Arrivé à la gare, il débarquera, laissant une section pour la garder et détruire les appareils télégraphiques. Puis il fera sonner la charge par les clairons et se jettera dans le village. Au son de la charge, qui sera répétée par les autres corps, les bataillons des trois régiments s'ébranleront et se porteront à l'attaque, précédés par leurs tirailleurs, à la baïonnette et sans tirer un coup de fusil.

Ajoutons que, pour favoriser l'opération et empêcher les Allemands de concentrer des forces tirées des corps voisins sur les villages de Mercy et de Peltre, la division Montaudon, du 3ᵉ corps, devait exécuter une diversion sur Colombey, la division **Tixier du 6ᵉ** corps sur Ladonchamps.

Exécution de l'attaque.

La première partie de l'opération fut exécutée conformément aux ordres ci-dessus.

Mais le train qui amenait le 12ᵉ bataillon de chasseurs ne put entrer en gare de Peltre. « Le plan de cette action était simple, dit M. Louis Yvert (1), et intelligemment conçu ; et certainement il eût pleinement réussi si — comme toujours, hélas ! pendant cette mal-

---

(1) *Echo de l'armée*, numéro du 16 juillet 1893.

heureuse guerre — les Prussiens n'avaient été avertis par un de ces misérables espions que nous traînions sans cesse à nos flancs depuis le début des hostilités, un nommé Jacob, qui suivait nos troupes depuis Sarreguemines, vendant la goutte et détaillant ces mille objets, bibelots indispensables du troupier en campagne. Cet homme, ayant eu vent de l'entreprise pour le 27 septembre, s'échappe de nos lignes dans la nuit du 26, se rend à Peltre, et, là, dévoile aux officiers allemands la brusque agression dont ils vont être l'objet dans la matinée du lendemain. Ceux-ci, naturellement, sans perdre un instant, font sur-le-champ couper la voie à un kilomètre en avant de Peltre, rendant ainsi notre sortie infructueuse, en annihilant de prime abord le but principal de l'opération (1).

A 9 heures du matin, le fort Queuleu ouvrit le feu.

« A ce signal, dit le général Lapasset, les troupes s'élancèrent et se formèrent rapidement. Ce fut un beau spectacle que cette ligne de bataillons déployés tenant plus de 1.400 mètres. S'avançant calmes et résolus, le fusil sur l'épaule, sous une pluie de balles, les hommes tombaient ; le mouvement en avant n'en continuait pas moins, et le plan s'exécuta de point en point tel qu'il avait été conçu et expliqué. »

---

(1) Le juif Jacob n'échappa heureusement pas au juste châtiment que lui réservait sa félonie. Aperçu dans Peltre par quelques soldats du 84e, au moment du combat, il fut saisi immédiatement et ramené prisonnier dans Metz. Quelques jours après, douze balles françaises faisaient dans les fossés de la place justice de ce misérable. (Louis Yvert.) « Malheureusement, dit de son côté le général Lapasset, nous étions entourés par une telle quantité d'espions que les travaux sur la ligne du chemin de fer avaient été éventés. Un misérable, qui suivait nos troupes depuis Sarreguemines, alla le matin prévenir l'ennemi de se tenir en garde de ce côté. La ligne fut coupée. Le bataillon de chasseurs n'en fut pas arrêté ; il s'élança de ses wagons et mit l'ennemi en fuite. Mais la machine qui devait aller à Courcelles saisir un train de vivres ne put passer. »

Peltre sous Metz.

Suivons les différents régiments dans leurs attaques :

Les deux bataillons du 84° attendaient avec impatience derrière la crête le signal de se porter en avant. Depuis un moment, les deux compagnies de tirailleurs, accueillies par une vive fusillade partant de toutes les maisons du village, soutenaient un combat meurtrier. L'aile gauche des avant-postes allemands (55° régiment) avait rapidement battu en retraite sur Peltre et Crépy et y avait rallié le bataillon de fusiliers détaché pour garder ces deux villages. Ajoutons tout de suite que l'aile droite des avant-postes prussiens (15° régiment) s'était repliée devant la marche des 97° et 90° français sur le gros du régiment, établi, avec la 6° batterie lourde, sur la lisière des bois au sud-est de Mercy-le-Haut.

Le lieutenant-colonel Doumenjou maintenait ses deux bataillons (84°) à l'abri des balles. Il avait vu passer le convoi qui portait le 12° bataillon de chasseurs et l'avait vu revenir vide, mais n'entendait pas le signal convenu avec le général Lapasset. Il laissa passer un certain temps, puis, supposant qu'il était survenu quelque événement imprévu, il fit sonner la charge et lança ses deux bataillons. « Ceux-ci, dit l'historique du régiment, se portèrent comme un avalanche, à la baïonnette, sans tirer un coup de fusil, sur le village, qu'ils emportèrent sans coup férir, sans que les vignes qui couvraient le sol, sans que les feux de l'ennemi pussent l'arrêter. »

Entré un des premiers, avec quelques soldats du 84°, dans le village de Peltre, le sous-lieutenant Vermeil de Conchard (1) est averti, par des habitants qu'il inter-

---

(1) *Historique du* 84°. — Le sous-lieutenant Vermeil de Conchard du 49°, en conduite de détachement avec le capitaine Greiner, du même régiment, avait été placé à la suite du 84° pour y faire le service. Les 400 hommes du détachement qu'il avait amenés avaient été répartis par moitié au 84° et au 97° de la brigade Lapasset.

M. Vermeil de Conchard est aujourd'hui colonel du 48° d'infanterie.

roge, qu'une troupe de Prussiens assez considérable occupe le couvent des sœurs de la Providence. Il y court aussitôt. Entraînés par ses exhortations et son exemple, cinq hommes du 84°, qui l'ont suivi, en forcent la porte et y pénètrent à sa suite. Les Allemands sont chassé du vestibule et des bâtiments inférieurs et poursuivis dans le jardin. Ceux qui défendent le mur du côté de l'attaque principale sont surpris ; ils font demi-tour et reçoivent les soldats du 84°, qui les tournent, par des coups de fusil à bout portant. En même temps, un obus éclate, couvrant les Français de terre et de débris de toute espèce. A ce moment, le sous-lieutenant de Conchard, poursuivant sa course rapide, se trouve au fond d'une charmille en présence d'une trentaine de soldats commandés par un lieutenant. Suivi de ses cinq hommes, la baïonnette au canon, il leur crie de se rendre. Voyant de l'hésitation et ne voulant pas donner aux Allemands le temps de se reconnaître, il se porte vivement au-devant d'eux et saisit la main de l'officier ennemi, qui se rend : les soldats suivent. D'autres défenseurs du couvent, étant venus d'eux-mêmes rendre leurs armes, sont réunis au groupe des prisonniers (1).

Ce groupe fut mis en marche, et, comme le sous-lieutenant de Conchard traversait le jardin avec ses prisonniers, il rencontra le sous-lieutenant Bailly (2),

---

(1) L'officier allemand fait prisonnier était le premier lieutenant Hossbauer, du 55° régiment, n° 6 de Westphalie, auquel appartenaient, comme on l'a vu, les défenseurs du village.
Les cinq soldats du 84° furent récompensés de la manière suivante : le premier, sergent cassé la veille, fut réintégré dans son grade; le soldat de 1re classe Blanc (le seul dont on ait retenu le nom) fut nommé caporal; les trois autres, soldats de 2° classe, furent élevés à la 1re classe.

(2) Actuellement colonel du 64° régiment d'infanterie.

du 12° bataillon, avec quelques chasseurs, lesquels avaient pénétré par l'extérieur (1).

Le 12° bataillon de chasseurs, amené en chemin de fer comme il a été dit, avait trouvé la voie coupée à un kilomètre environ avant d'arriver à la gare de Peltre. Le commandant Bonnot de Mably ne se laissa pas arrêter par ce contretemps. Il fit descendre ses chasseurs et les forma immédiatement en colonne d'attaque. Cette opération se fit avec une précision et un ordre remarquables, sous le feu de la 5° batterie légère allemande, postée à la lisière nord du bois de l'Hôpital, c'est-à-dire à 1.500 mètres environ.

Le bataillon, sonnant la charge, se précipita, la baïonnette basse, sur la gare de Peltre, qui fut rapidement enlevée, puis sur les tranchées que les Allemands occupaient au-dessus de la ligne du chemin de fer. Ces tranchées furent prises, et les Prussiens, poursuivis à la baïonnette dans les vignes, furent bientôt dispersés.

Ce premier résultat acquis, le 12° bataillon de chasseurs constitua trois colonnes placées sous les ordres des capitaines Poirier, Doubasse et Jambon, et se précipita dans le village de Peltre, où il donna la main aux bataillons du 84°. Arrivés devant le couvent des sœurs de la Providence, un certain nombre de chasseurs franchirent les murs de l'établissement, rencontrèrent, comme on l'a vu, le sous-lieutenant de Conchard dans le jardin et visitèrent les étages supérieurs du bâtiment, où l'on trouva un officier et un certain nombre de soldats allemands, qui furent faits prisonniers.

Pendant que ces événements se passaient dans le couvent de Peltre, le lieutenant-colonel Doumenjou

---

(1) En sortant du couvent, il rencontra ensuite le lieutenant-colonel Doumenjou, du 84°, des officiers et soldats de ce régiment ainsi que du 12° bataillon de chasseurs.

avait envoyé une compagnie de son régiment à la gare pour y détruire les appareils télégraphiques : ce qu'elle fit avec les chasseurs du 12e. Des compagnies du même corps allaient occuper les issues des villages de Peltre et de Crépy, pour prévenir tout retour offensif de l'ennemi, tandis que les autres se répandaient dans les maisons, où elles firent des prisonniers et ramassèrent une certaine quantité de vivres. Une section de partisans du même régiment, accompagnée par quelques hommes du 84e, qui l'avaient suivie, s'était emparée du château de Crépy, situé en arrière du village, et y avait fait quelques prisonniers. La compagnie de partisans du 84e, au moment de l'attaque, avait été placée vers la gauche du régiment. Elle servit de liaison avec le bataillon du 97e, qui combattait de ce côté.

Ce dernier bataillon (l'autre du même régiment était en réserve) s'était dirigé sur le Télégraphe, puis s'était lancé également sur Peltre, à la baïonnette et sans tirer un coup de fusil. Avec la compagnie du 14e bataillon de chasseurs, il avait servi, pendant la marche, de soutien à l'artillerie de la brigade (1) et aux deux mitrailleuses. Les pièces étaient venues prendre position au Télégraphe et y avaient ouvert le feu (2).

Voyons maintenant quel fut le rôle du 90e régiment pendant le combat. Comme on l'a déjà dit, ce corps devait envoyer tout d'abord un bataillon (le 2e) à la Haute-Bévoye ; les deux autres (1er et 3e) devaient

---

(1) La batterie du capitaine Dulon.
(2) Dans la relation allemande, on lit ce qui suit : « La brigade Duplessis, poussant sur les talons des grand'gardes prussiennes, avait occupé Mercy-le-Haut, puis avait posté deux batteries sur la hauteur à l'ouest du château pour appuyer le feu dirigé de Queuleu sur Peltre et sur Crépy. »

Remarquons qu'un seul régiment (le 90e) de la brigade Duplessis prit part au combat.

faire une diversion sur le château de Mercy, tandis que les 84°, 97° et le 12° chasseurs attaqueraient Crépy et Peltre.

Au signal donné par l'artillerie du fort Queuleu, les 1ᵒʳ et 3ᵉ bataillons du 90ᵉ sortent de Grigny, le 2ᵉ de la Haute-Bévoye, et se déploient dans la plaine à l'ouest de la route de Strasbourg, le 1ᵉʳ bataillon au centre.

La ligne, précédée par deux compagnies déployées en tirailleurs, monte les pentes du ravin au pas de course et converse à gauche pour faire face au château de Mercy. Tous les abris d'avant-postes des Allemands sont pris d'écharpe et même d'enfilade et sont rapidement évacués par les troupes qui les occupaient.

Après quelques instants d'arrêt, la charge sonne et la ligne s'élance contre le château. Le 1ᵉʳ bataillon, à cheval sur la route, ne se laisse pas arrêter par le feu de l'adversaire, et, vigoureusement entraîné par son chef, le commandant Collasse, il s'empare du château, sans avoir brûlé une cartouche. Les compagnies, quelque peu désorganisées par la longueur de la course, se mélangent tout à fait, et une partie des hommes pénètrent dans les bâtiments et en chassent les derniers défenseurs, pendant que les autres, entraînés par leurs officiers, à la tête desquels se trouve le brave sous-lieutenant Masson, se portent plus en avant, ouvrent un feu meurtrier sur la garnison du château, qui essaie de se rallier, et la dispersent.

Le 3ᵉ bataillon, que le mouvement de conversion a placé obliquement par rapport au 1ᵉʳ bataillon, s'élance avec ardeur. Il favorise l'action de ce dernier bataillon, en menaçant de front et de revers les retranchements ennemis, et arrive au château presque en même temps que lui. Ses compagnies de gauche se portent plus en avant et ouvrent un feu de flanc contre des troupes allemandes qui essaient un retour offensif ; ces troupes sont alors complètement paralysées.

A la droite du régiment, le 2ᵉ bataillon est accueilli de front par le feu du château et, sur son flanc droit, par une violente fusillade partant du bois de Jury (situé à l'angle formé par les limites des communes de Mercy et de Jury). Il s'étend le long de la crête jusqu'au château, en une longue ligne de tirailleurs, qui riposte aux feux adverses.

A leur arrivée au château, les compagnies se reforment et prennent position de façon à s'opposer à toute contre-attaque de l'ennemi.

Il est alors 9 h. 1/2. Les villages de Mercy, Peltre et Crépy sont solidement occupés par les troupes françaises.

Bien que les Prussiens aient cherché à déguiser, dans leurs récits officiels, les résultats obtenus, il est intéressant d'examiner ce qui s'était passé de leur côté. On peut dire, d'une façon générale, que leurs troupes avancées battirent rapidement en retraite, tandis que la position du Cheval-Rouge se garnissait de défenseurs.

« Les troupes de la défense, dit la relation allemande, se voyant sur le point d'être enveloppées, abandonnent les deux villages de Peltre et Crépy pour se replier vers le bois de l'Hôpital, occupé sur ces entrefaites par des forces accourues du sud. Toutes les compagnies l'atteignent heureusement, sauf la 11ᵉ du 55ᵉ. Cette dernière, établie à l'extrémité la plus septentrionale de Peltre, s'était aperçue tardivement du mouvement des Français et n'avait pas reçu l'ordre de battre en retraite ; entièrement cernée, ses munitions presque complètement épuisées, elle était contrainte de mettre bas les armes ; seul son chef, avec une trentaine d'hommes, réussissait à gagner au sud. L'ennemi occupait aussitôt les deux villages et procédait, sous la protection de postes avancés, à l'enlèvement des vivres et des fourrages qui s'y trouvaient encore. »

Tandis qu'à la droite de la 26ᵉ brigade prussienne des troupes venaient border la lisière du bois d'Ars-Laquenexy, les autres fractions de la 13ᵉ division (c'est-à-dire cette unité entière, moins les bataillons des 15ᵉ et 55ᵉ que nous avons vus plus haut) se formaient près de l'auberge du Cheval-Rouge. « Plus en arrière encore, d'autres troupes se tenaient prêtes à s'engager, savoir : la 27ᵉ brigade, l'artillerie de corps èt la 1ʳᵉ division de cavalerie sur la grande route à hauteur de Mécleuves, la 28ᵉ brigade à Pouilly. Cette dernière avait même déjà fait entrer cinq compagnies dans le bois de l'Hôpital. » Enfin, la 16ᵉ division (8ᵉ corps) prenait les armes, prête à se porter sur le terrain de la lutte.

Fin du combat.

Après avoir exécuté un prompt ravitaillement et pris quelques instants de repos, les régiments français reçurent l'ordre de se replier sous Metz. Vers 11 heures, le mouvement de retraite commença, sous la protection de deux compagnies du 12ᵉ bataillon de chasseurs déployées en tirailleurs. Ce mouvement s'opéra avec ordre et régularité, sous le feu de l'artillerie allemande.

Le général Lapasset, dans sa relation sur le combat de Peltre, termine son récit en disant :

« L'affaire, menée lestement, ne dura pas plus de trois quarts d'heure : ils suffirent pour tuer, blesser ou faire prisonniers la majeure partie de deux bataillons ennemis, pour enlever une soixantaine de têtes de bétail, de grandes provisions de tabac et de cigares et beaucoup de petit butin si cher aux soldats. Aussi la rentrée au camp fut-elle un véritable triomphe. Nous avions eu pourtant 167 hommes mis hors de combat, dont 7 officiers. Mais qu'était-ce, en raison du succès et surtout de l'effet moral ?

« Les Prussiens laissèrent les troupes rentrer sans un coup de feu (1), tant ils s'étaient enfuis loin et tant ils étaient ahuris de cette attaque et de cette défaite si rapides. Cela ne les empêcha point d'imprimer dans leurs journaux que la brigade Lapasset avait marqué sa retraite par de longues traces de sang produites par leur artillerie. Le prince Frédéric-Charles, très irrité, ordonna la destruction du village de Peltre, sous le prétexte que les habitants devaient nous avoir avertis. Les malheureux s'en étaient bien gardés ! Durant toute la nuit, le feu fut mis aux maisons et toutes furent brûlées ; l'église seule resta debout, pour être incendiée quelques jours plus tard (2). »

Effectifs engagés.

Il est bien difficile d'apprécier d'une façon très exacte la valeur des effectifs engagés dans le combat de Peltre du 27 septembre.

D'après des renseignements allemands, l'effectif des troupes françaises aurait été de 10.000 hommes ; mais ce chiffre est très exagéré, si l'on envisage qu'au début de la campagne les corps engagés, qui avaient assisté à toutes les batailles de Metz, présentaient les forces suivantes :

84e régiment, 1.750 hommes (deux bataillons seulement engagés) ;

---

(1) Il s'agit ici de feu d'infanterie assurément.
(2) Cinq heures durant, dit, de son côté, M. Louis Yvert, ils bombardèrent ce malheureux bourg, qu'ils broyèrent sous leurs obus jusqu'à ce qu'il n'en restât plus qu'un monceau de décombres calcinés et de ruines fumantes. (*Echo de l'armée*, 16 juillet 1893.)

97ᵉ régiment, 1.630 hommes (deux bataillons engagés) ;

90ᵉ régiment, 1.830 hommes (trois bataillons engagés) ;

12ᵉ bataillon de chasseurs, 550 hommes (engagé en entier) ;

14ᵉ bataillon de chasseurs, 580 hommes (une compagnie engagée).

En tenant compte de ces chiffres et des troupes présentes au combat, on arriverait à un maximum de 5.000 hommes, diminué des pertes antérieurement subies.

Du côté allemand, il faut compter les 15ᵉ et 55ᵉ régiments au complet, soit 4.000 hommes au moins, auxquels il faut ajouter deux batteries, et tenir compte en outre de la présence des 13ᵉ et 73ᵉ régiments et du 7ᵉ bataillon de chasseurs, qui étaient sous les armes et prêts à intervenir, ainsi, d'ailleurs, que de la force de la position solidement organisée. Nous laissons de côté la 14ᵉ division, l'artillerie du VIIᵉ corps, la 1ʳᵉ division de cavalerie, ainsi que la 16ᵉ division du VIIIᵉ corps. Il est facile de se rendre compte, avec ces données, de la supériorité numérique des Allemands au combat de Peltre.

Pertes subies.

Les chiffres officiels allemands accusent les pertes suivantes :

55ᵉ régiment : 2 officiers tués, 12 hommes tués, 21 blessés, 1 officier et 122 disparus, soit 158 hors de combat.

15ᵉ régiment : 1 homme tué, 2 blessés, soit 3.

7ᵉ bataillon de chasseurs : 1 officier tué, 1 blessé, soit 2.

Au total : 163 hors de combat ou disparus.

Ce chiffre est sûrement en dessous de la vérité, car 7 officiers et 250 hommes ont été faits prisonniers et, d'autre part, certains documents ont accusé 25 officiers tués ou blessés et 300 hommes de troupe hors de combat.

Du côté français, nous avons vu plus haut que le général Lapasset accusait 167 hommes mis hors de combat, dont 7 officiers.

Dans ce nombre :

Le 12ᵉ bataillon de chasseurs avait perdu 32 sous-officiers et soldats tués ou blessés ;

Le 97ᵉ régiment avait eu 3 hommes tués et 23 blessés ;

Le 84ᵉ régiment avait subi les pertes suivantes : le capitaine Bride, tué ; le capitaine Gillon (1), blessé mortellement ; le lieutenant Desloy, blessé ; en outre, 9 sous-officiers ou soldats tués, 29 blessés et 2 disparus.

Le 90ᵉ avait eu 7 sous-officiers et soldats tués, 46 blessés et 4 officiers blessés : le capitaine Sonnet et le lieutenant de Nadaillac (2), qui continuèrent, quoique blessés, à donner par leur entrain, l'exemple à leurs subordonnés ; le capitaine Raynal, blessé un peu avant l'évacuation du château de Mercy ; enfin, le lieutenant Miaunay. Signalons aussi le commandant Keiser (3), chef du 3ᵉ bataillon, qui eut son cheval tué sous lui, en conduisant son bataillon à l'attaque.

Notons enfin que le prince Frédéric-Charles ne se contenta pas de détruire le village de Peltre ; il fit encore incendier la Basse-Bévoye, Mercy-lès-Metz, la Grange-aux-Bois et Magny-sur-Seille, fermes ou villages situés sur le théâtre de la lutte du 27 septembre ou dans les environs immédiats.

---

(1) Frère du colonel Gillon, mort à Madagascar.
(2) Actuellement colonel du 139ᵉ régiment d'infanterie.
(3) Aujourd'hui général de brigade en retraite à Paris.

Tel est, brièvement exposé, le brillant combat de Peltre. Il montre ce qu'il eût été possible d'obtenir avec les troupes enfermées dans Metz, et combien le maréchal Bazaine a été coupable de n'avoir pas su tirer parti des vaillants officiers et soldats que la patrie lui avait confiés.

Appendice.

Le « Petit Journal », dans son numéro imprimé à Bordeaux le 8 octobre 1870, reproduit, d'après un journal allemand, les faits qui suivent, dans un article intitulé : « Bazaine à Metz ». Nous mentionnons une partie de cet article pour montrer comment les Allemands écrivent l'histoire :

« Une lettre adressée de Courcelles à la « Gazette d'Elberfeld » donne des détails sur la sortie des Français de Metz dans la journée du 27 septembre.

. . . .

» La sortie se fit subitement et d'une manière imprévue ; le corps français, qui comptait 10.000 hommes, se porta sur nos lignes avec un élan énergique, et ce n'est que grâce à la bravoure extraordinaire de nos régiments, les 13e, 15e, 53e, 55e et 74e de ligne, et le 7e de chasseurs, que l'ennemi (1) n'a pu atteindre son but ; on l'a ramené en lui faisant éprouver des pertes cruelles.

» L'ennemi s'élança derrière les forts, en trois divisions, avec plusieurs batteries de campagne ; un convoi sortant de la forteresse s'était avancé jusqu'à Peltre, où il débarqua les soldats qu'il portait. Notre artillerie, rangée sur une longue ligne, sur les hauteurs entre Mercy-le-Haut et Laquenexy, a fait, par son feu rapide, éprouver de grandes pertes à l'ennemi ; les obus ont renversé des rangs entiers.

---

(1) Les Français.

» Mercy-le-Haut avait d'abord été emporté par les Français, mais a été repris par les nôtres ; avant leur départ, les Français incendièrent le château. Malheureusement, nous n'avons pu empêcher qu'une grande partie des tirailleurs du 55ᵉ régiment de ligne, qui s'étaient trop avancés, eussent été enveloppés par l'ennemi et faits prisonniers.

» Les Français ont également réussi à ramener dans la forteresse la plus forte partie d'un troupeau de bœufs, environ 40 têtes. Nous n'avons eu que peu de morts ; par contre, nous avons eu plus de blessés. »

Reproduisons encore une partie d'un article du « Courrier de la Moselle » (1) imprimé à Metz pendant le siège. Cet article n'a d'autre mérite que d'avoir été écrit le lendemain du combat de Peltre :

« L'action la plus importante de la journée du 27 septembre s'est passée en avant du fort de Queuleu, où le général Lapasset commandait une brigade mixte, composée de plusieurs bataillons d'infanterie.....

» Avant le jour, l'infanterie part dans le plus grand silence et s'établit près de la Basse-Bévoye, au-dessus de Peltre et de Mercy, qu'il s'agit d'enlever.

» Au signal convenu, l'artillerie, secondée par les pièces de 24 du fort de Queuleu, ouvre le feu sur le château de Mercy et sur le couvent de Peltre, pendant que les fantassins descendent rapidement les pentes au pas de charge.

» En même temps, au premier coup de canon, deux locomotives s'élancent à toute vitesse de la gare de

---

(1) Numéro du 29 septembre 1870.

Metz; l'une remorque vingt wagons renfermant un bataillon de chasseurs à pied; sur l'autre, se trouve M. Dietz, ingénieur en chef de la compagnie de l'Est, accompagné de quelques hommes résolus, éclaireurs ou employés du chemin de fer.

» Arrivés à hauteur de Peltre, les deux trains s'arrêtent : les chasseurs à pied descendent de leurs wagons et, la baïonnette en avant, pénètrent dans le village, assailli, d'un autre côté, par les autres bataillons de la brigade Lapasset. Cependant, M. Dietz essaye de profiter du désordre produit par cette attaque soudaine pour aller jusqu'à Courcelles, où il a conçu le hardi projet d'accrocher avec sa locomotive un train prussien, dont l'arrivée en gare a été signalée la veille. Mais les Prussiens avaient prévu le coup et tendu un piège dans lequel un chef moins expérimenté fût inévitablement tombé. Au moyen de poutres et de madriers, la voie ferrée, au milieu de Peltre, avait été soulevée sur un de ses côtés, de telle sorte qu'une locomotive, lancée sur cette pente oblique perdant son centre de gravité, eût été infailliblement renversée. L'ingénieur en chef, heureusement, s'aperçut à temps du piège ouvert sous ses pas, et la locomotive rentra en ville, emmenant avec elle quelques blessés parmi lesquels un jeune officier prussien.

» Pendant ce temps-là, la baïonnette française accomplissait dans Peltre et dans Mercy-lès-Metz sa terrible besogne. Le château de Mercy, la Horgne, le couvent et la gare de Peltre étaient envahis, fouillés dans tous les sens. Il y avait là quatre régiments prussiens qui s'étaient empressés de prendre la fuite, laissant entre nos mains de nombreux cadavres, une centaine de prisonniers, des bœufs, des moutons et des porcs, qu'on s'empressa de faire filer sur Metz. Les voitures manquant pour transporter tous les fourrages, on fut obligé d'en brûler une grande partie. A midi, toutes les troupes étaient rentrées au camp sans avoir éprouvé de pertes sérieuses. Un régiment notamment, sur trois bataillons engagés, n'a eu que cinq hommes tués et une cinquantaine de blessés. Dans Peltre on a mis la main sur un espion, qui a été reconnu pour avoir vendu, aux environs de Metz, de l'eau-de-vie à nos soldats.

» Dans la soirée du 27, vers 9 heures, une forte canonnade a retenti du côté de Queuleu. Les Prussiens avaient mis le feu à Peltre, dont les maisons n'ont cessé de brûler toute la nuit. L'incendie était allumé sur toute la longueur du village : c'était horrible à voir!... »

FIN

TABLE DES MATIÈRES

Mot préliminaire	5
Généralités	7
Combat de Peltre	11
But de l'opération	11
Préparation de l'opération	12
Ordres donnés	14
Exécution de l'attaque	16
Fin du combat	24
Effectifs engagés	25
Pertes subies	26
Appendice	29

Paris et Limoges. — Imprimerie Henri CHARLES-LAVAUZELLE.

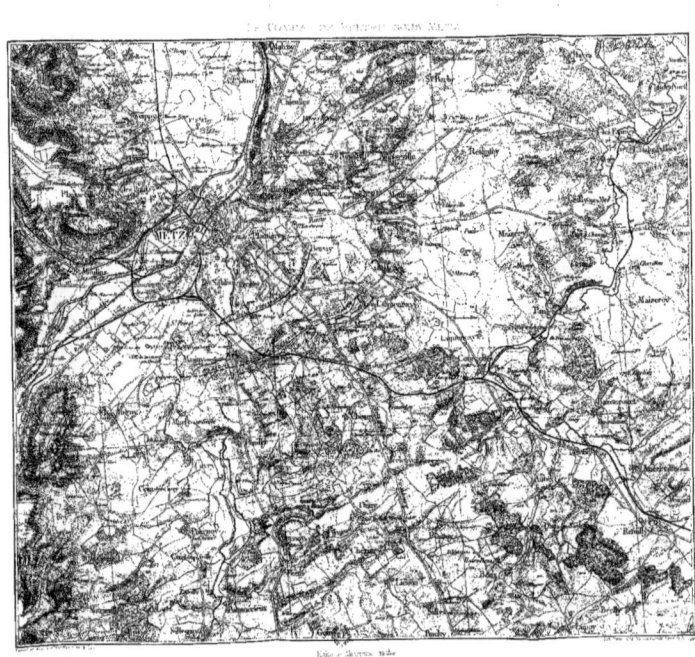

Librairie militaire Henri CHARLES-LAVAUZELLE
Paris et Limoges.

Armes portatives françaises et étrangères, par le capitaine BATAILLE : **France** (fusil mod. 1886 M. 93) ; **Allemagne** (fusil mod. 1888) ; **Autriche** (fusil mod. 1895) ; **Russie** (fusil mod. 1891. Chaque puissance fait l'objet d'un fascicule in-plano, tiré en deux couleurs, avec gravures dans le texte et une planche hors texte en dix couleurs. Prix du fascicule. 5 »

Guide pratique des exercices de combat et de service en campagne (2ᵉ édition). — Volume in-32 de 92 pages avec 10 croquis, cart....... » 75

Service en campagne d'une compagnie d'infanterie, par le capitaine BOSCHET, avec 27 croquis, cartes ou plans. — Vol. in-8° de 240 p.. 4 »

La compagnie isolée en marche et en station, avec trois croquis, par F. B. — Brochure in-8°... » 50

Des éclaireurs de montagne, par H. DUNOD, lieutenant de chasseurs alpins. — Brochure in-8°.. 1 50

Agenda de mobilisation. Infanterie (2ᵉ édition). Volume in-18 de 128 pages, relié pleine toile.. 2 »

Guide pratique pour la guerre en Afrique, à l'usage des officiers et des sous-officiers, par le lieutenant-colonel A. DUMONT, ex-officier des affaires indigènes (8ᵉ édition). — Brochure in-18 .... 1 25

Formations et manœuvres de l'infanterie en campagne, par le capitaine breveté G. LÉVY. — Volume in-8 de 92 pages avec croquis dans le texte... 2 »

Essai historique sur la tactique d'infanterie depuis l'organisation des armées permanentes jusqu'à nos jours, par le commandant GÉRÔME, breveté d'état-major, ancien professeur adjoint d'art et d'histoire militaire à l'Ecole spéciale de Saint-Cyr. — Volume in-8° de 272 pages, avec 70 croquis.. 5 »

Historique de la tactique de l'infanterie française, par V. VEYNANTE, chef de bataillon breveté au 42ᵉ d'infanterie, 10 croquis. — Vol. in-8° de 120 pages... 2 50

Cartes étrangères. Notions et signes conventionnels, par le capitaine ESPÉRANDIEU, professeur de topographie et de géographie à l'Ecole militaire d'infanterie. — Volume in-8° de 140 pages................... 4 »

Français et Allemands, étude démographique et militaire des populations actuelles de la France et de l'Allemagne, **l'Alliance franco-russe et l'Allemagne,** par le Dr J. AUBŒUF. — Volume in-8° de 122 pages.. 2 »

Causerie sur le cheval, conférences faites aux cavaliers du 21ᵉ chasseurs par le lieutenant H. DE ROCHAS D'AIGLUN. — Br. in-8° de 78 pages.. 1 50

La stratégie et la tactique allemande au début du vingtième siècle, étude par le général PIERRON. — Volume in-8° de 394 pages avec croquis dans le texte... 6 »

Etude sur la tactique de l'infanterie, par V. VEYNANTE, chef de bataillon breveté au 42ᵉ régiment d'infanterie, avec croquis. — Brochure in-8° de 84 pages.. 2 »

Etude sur la tactique de ravitaillement dans les guerres coloniales, par NED-NOLL. — Volume in-8° de 156 pages.................... 2 50

Tactique raisonnée de l'infanterie, par Ch: DELTHEIL, chef de bataillon au 16ᵉ régiment d'infanterie. — Brochure in-8° de 32 pages,......... » 75

Guide pour le chef d'une petite unité d'infanterie opérant la nuit (marches, avant-postes, combat, méthode d'instruction), par le capitaine breveté NIESSEL. — Vol. in-8° de 100 pages, 6 croquis dans le texte.. 2 »

Principes fondamentaux et tactique raisonnée du combat de nuit, par le lieutenant-colonel G. TRUMELET-FABER, du 20ᵉ d'infanterie. — Brochure in-8° de 96 pages, avec 4 figures dans le texte............. 2 »

Librairie militaire Henri CHARLES-LAVAUZELLE
Paris et Limoges.

Instruction spéciale des éclaireurs d'infanterie, par le lieutenant J.-M. FRANCESCHI, du 137ᵉ régiment d'infanterie. — Volume in-8° de 112 pages, avec 16 croquis dans le texte........................... 2 »

Manuel des candidats de toutes armes aux différents grades d'officier dans la réserve et dans l'armée territoriale. Programme développé des connaissances exigées par le décret du 16 juin 1897. — Volume in-18 de 708 pages, avec 280 croquis dans le texte................. 4 »

Instruction pour les éclaireurs d'infanterie. Brochure in-32 de 48 pages, avec un tableau de signaux pour la transmission optique.......... » 75

CLAUZEWITZ. — **La Campagne de 1814 en France,** traduit de l'allemand par G. DUVAL DE FRAVILLE, chef d'escadron d'artillerie breveté, instructeur d'équitation à l'Ecole d'application de l'artillerie et du génie. — Volume in-8° de 166 pages, une carte............................ 3 50

Les corps francs dans la guerre moderne, — **Les moyens à leur opposer,** étude historique et critique sur l'attaque et la défense des voies de communication et des services de l'arrière, par le capitaine V. CHARETON. — Vol. in-8° de 260 pages, avec 9 croquis dans le texte.. 4 »

Général GALLIÉNI. — **Rapport d'ensemble sur la pacification, l'organisation et la colonisation de Madagascar** (octobre 1896 à mars 1899). — Volume in-8° de 628 pages............................... 7 50

Souvenirs de Madagascar, par le lieutenant LANGLOIS. — Volume in-8° de 192 pages, 37 croquis............................,. 3 50

Campagne de 1866, étude militaire rédigée conformément au programme des examens d'admission à l'Ecole supérieure de guerre, par C. DE RENÉMONT.

TOME Iᵉʳ. **Opérations en Bohême.** — Volume in-8° de 390 pages avec 20 cartes ou croquis dans le texte.................................. 7 50

TOME II. **Opérations sur le Mein, en Italie et en Tyrol.** (*En préparation.*)

Troubles et émeutes. — Recueil des documents officiels indiquant les mesures à prendre par les autorités civiles et par les autorités militaires, par J. SAUMUR, officier d'administration de 1ʳᵉ classe d'état-major. — Volume in-32 de 88 pages.................................. » 50

École régimentaire de tir à l'usage des officiers et sous-officiers d'infanterie, par le commandant breveté ALLEGRET, du 4ᵉ tirailleurs algériens. — Volume in-8° de 140 pages avec 11 figures dans le texte. 3 »

L'Infanterie perd son temps, par le général Ch. PHILEBERT. — Brochure in-18 de 78 pages................................... 1 50

Carnet-agenda du sergent de tir. — Volume in-18 de 152 pages... 1 50

Les cartouches et le caisson d'infanterie. — Volume in-32 de 100 pages avec figures, broché, » 50 ; relié............................... » 75

Notre fusil, par le général LUZEUX. — Brochure in-8 de 44 pages.... 1 »

Traité pratique de l'escrime à l'épée de combat sur le terrain, par E. DARBON, maître d'armes au 23ᵉ chasseurs, ex-sergent maître d'armes à l'Ecole de Saint-Cyr. — Brochure in-12 de 36 pages............... » 60

Escrime de chambre, méthode pour s'exercer seul à faire des armes, par le commandant E. T. — Fascicule in-32 de 24 pages............ » 25

Méthode d'enseignement de l'escrime avec l'épée de combat. Jeu de terrain, par M. SERPETTE, maître d'armes au 5ᵉ régiment de hussards. — Brochure in-18 de 80 pages, avec 12 photogravures.............. 2 »

Le catalogue général de la Librairie militaire est envoyé gratuitement à toute personne qui en fait la demande à l'éditeur Henri CHARLES-LAVAUZELLE.

www.ingramcontent.com/pod-product-compliance
Lightning Source LLC
Chambersburg PA
CBHW061004050426
42453CB00009B/1250